Carla Lisbôa
OS AMIGOS HERÓIS
e o encantado arco-íris
AF365416

Preparo de originais:	Gabrielle Antunes
Supervisão de texto:	Jéssica H. Furtado
Revisão:	Fernanda Jesus
Diagramação:	Ygor Moretti Fiorante
Capa:	Ygor Moretti Fiorante
Ilustração:	Luiz Malon

A editora não se responsabiliza pelo conteúdo da obra, formulada exclusivamente pelo(s) autor(es). A editora não se responsabiliza pela manutenção, atualização e idioma dos sites referidos pelos autores nesta obra. 1a Edição, 2019 — Edição revisada conforme o Acordo Ortográfico da Língua Portuguesa de 2009. Publique seu livro com a Ases da Literatura. Para mais informações envie um e-mail para originais@asesdaliteratura.com.br Suporte técnico: A obra é comercializada da forma em que está, sem direito a suporte técnico ou orientação pessoal/exclusiva ao leitor.

Catalogação na publicação.
Elaborada por Bibliotecária Janaina Ramos – CRB-8/9166

L769a
    Lisbôa, Carla
    Os amigos heróis e o encantado arco-íris / Carla Lisbôa. – Rio de Janeiro: Ases da Literatura, 2024.
    40 p., il.; 17 X 24 cm
    ISBN 978-65-5420-926-7
    1. Literatura infantil. I. Lisbôa, Carla. II. Título.

    CDD 028.5

Índice para catálogo sistemático
I.   Literatura infantil

Carla Lisbôa
Os Amigos Heróis
e o Encantado Arco-íris
Ilustração: Luiz Malon

Para você que está lendo este livro e aos meus netos amados

Luis Felipe, Miguel e Beatriz, que com alegria sempre estão lembrando-me do quanto a vida pode ser simples e encantadora.

Em uma pequena cidade, existe um parque onde há moradores um pouco diferentes e que guardam um grande segredo, mas hoje me deixaram contar só para vocês o que aconteceu. Antes, porém, vamos conhecer esses três moradores?

Ágata, a pata; Pelota, a gaivota; e Tatá, a tartaruga, vivem nesse belo parque onde existem lindas árvores, flores e um pequeno lago.

Passam seus dias se divertindo somente ao ver as crianças brincarem, correrem e jogarem pães e bolinhos para eles, principalmente Pelota. Apesar de suas diferenças, são muito amigos.

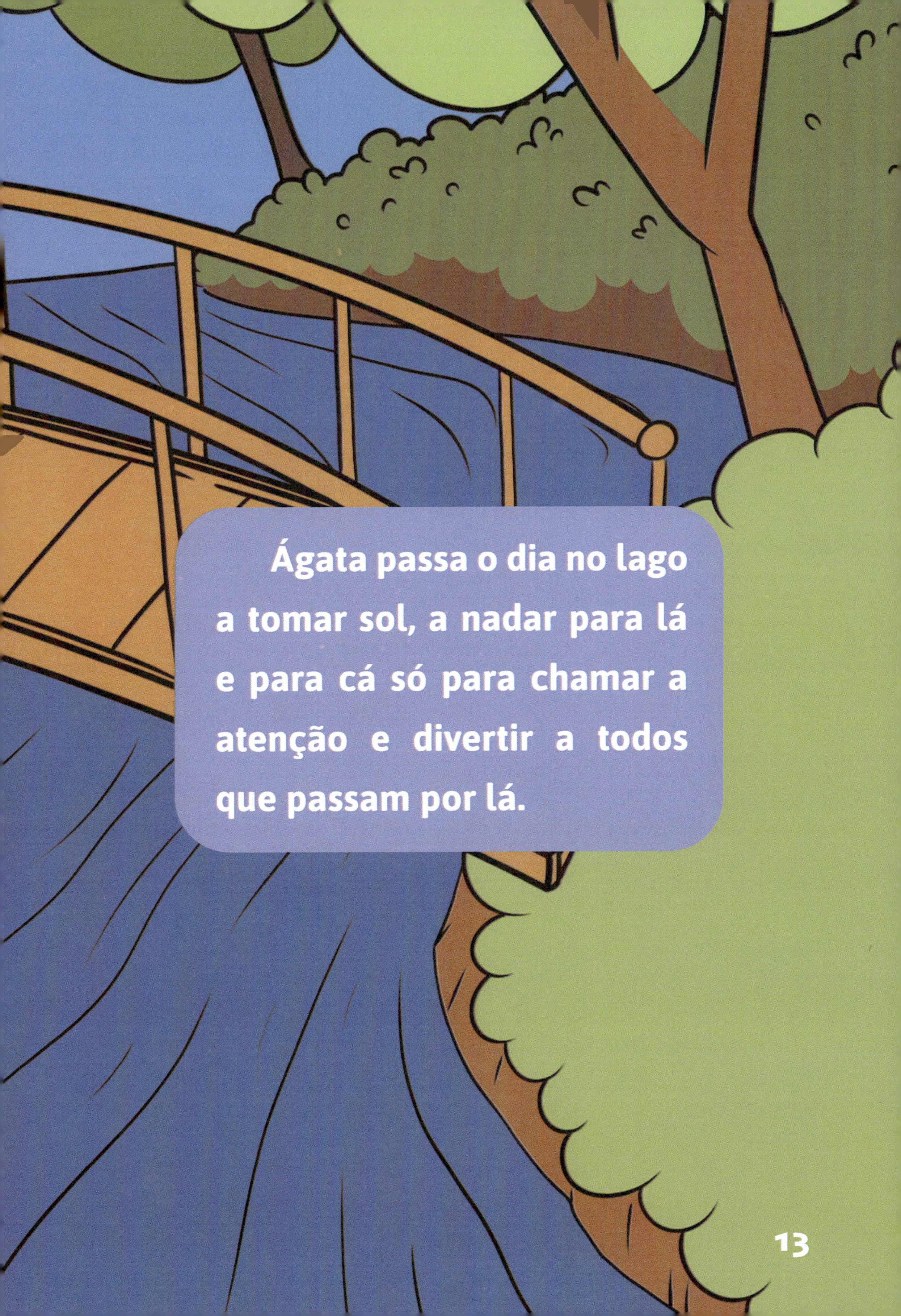

Ágata passa o dia no lago a tomar sol, a nadar para lá e para cá só para chamar a atenção e divertir a todos que passam por lá.

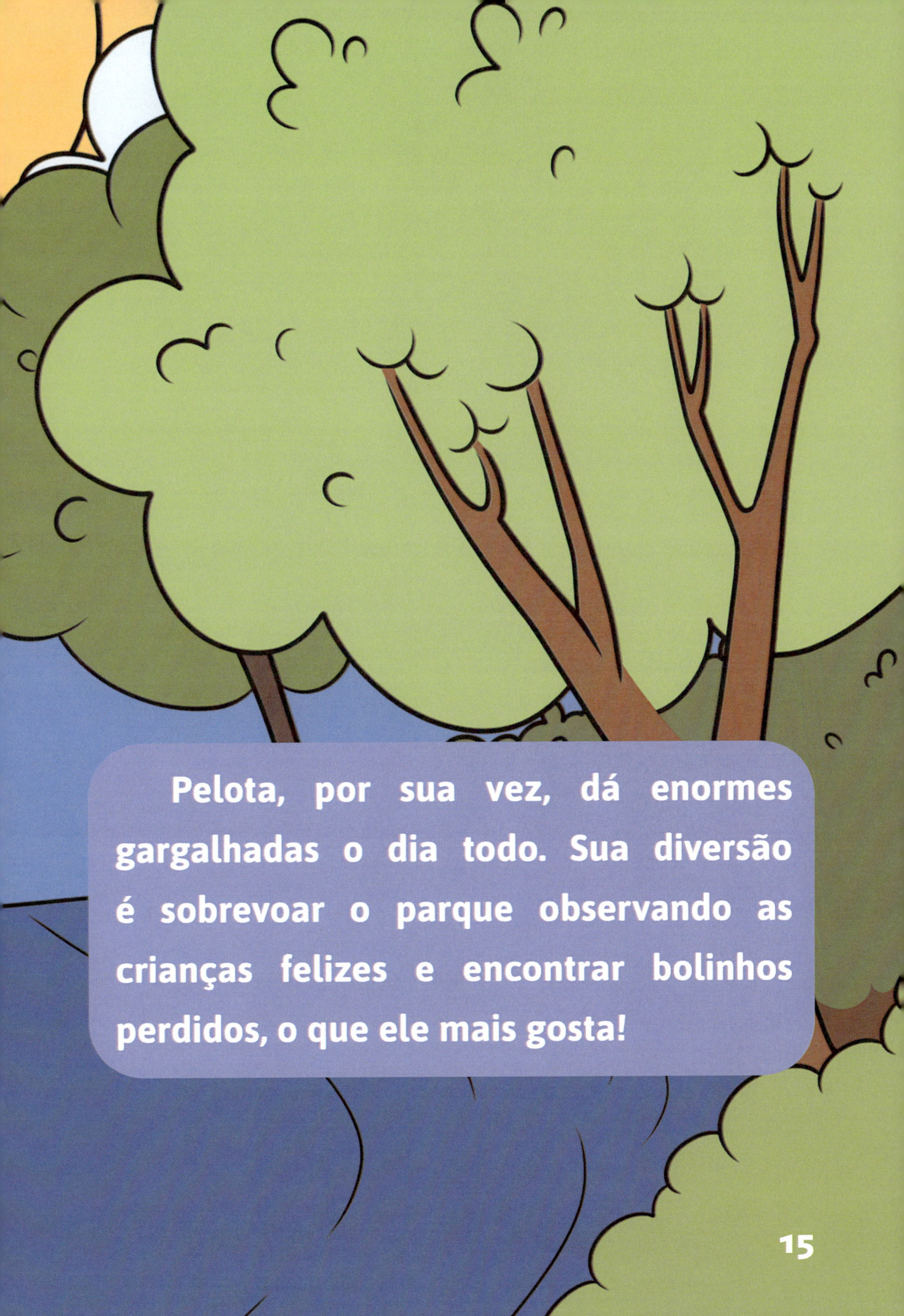
Pelota, por sua vez, dá enormes gargalhadas o dia todo. Sua diversão é sobrevoar o parque observando as crianças felizes e encontrar bolinhos perdidos, o que ele mais gosta!

Tatá é o mais calmo. Fica horas na mesma posição, até parece fazer ioga ou meditação. Mas não perde nada do que se passa, e todos do parque o respeitam muito por ser o mais sábio.

Preciso contar ainda que todos no parque possuem uma diversão: logo após a chuva, todos saem de seus esconderijos em busca do "Encantado Arco-íris". Quando o encontram, fazem a maior festa, pois é quando algo mágico acontece: tudo fica mais colorido e brilhante! O lago, ao refletir todas as suas cores, deixa o parque mais bonito e iluminado e eles sentem que algo de muito especial acontece.

Mas, um dia, algo terrível aconteceu. Depois de muita chuva, como de costume todos saíram de seus esconderijos para encontrar o "Encantado Arco-íris". Foi quando olharam para cima e perceberam que lhe faltava um pedaço e que suas cores começavam a sumir, e ainda o pior estava por acontecer, pois as cores do parque estavam a desaparecer. Todos ficaram espantados e sem fala, foi quando Tatá falou:

— Pessoal! Precisamos fazer alguma coisa rápido... O "Encantado Arco-íris" traz as cores para tudo e para todos, vamos ficar sem cor!

Logo todos perceberam que era muito sério e começaram a pensar em alguma coisa.

— O que vamos fazer?! — gritava Ágata, enquanto Pelota, agitado, comia todos os bolinhos que encontrava pela frente.

Até que Pelota deu uma sugestão.

— Podemos pensar num jeito de consertá-lo.

— Boa ideia! — todos gritaram juntos.

— Mas como? — perguntou Ágata. — Tatá responde sério e sabiamente.

— Precisamos nos unir para pensar com calma em como salvar o "Encantado Arco-íris" e tudo o que magicamente ele faz para colorir o mundo.

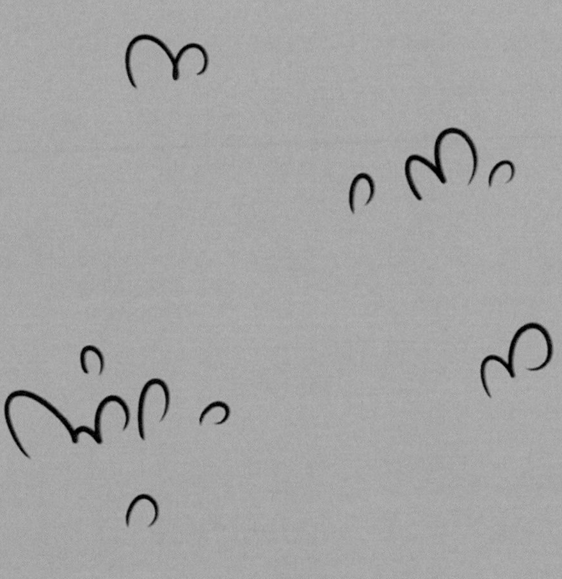

26

    Todos se concentraram até que viram Pelota, todo desajeitado com seu bico cheio de bolinhos e um papel grudado em sua pata, vindo agitado na direção deles.

    Todos caíram na risada! Ágata, ainda rindo, pergunta.

    — Pelota, o que traz grudado em sua pata?

Pelota, ainda sem perceber, levanta sua pata e mostra a todos um papel com uma pintura bem colorida que uma criança fez e deixou cair. Quando todos viram, exclamaram juntos:

— Uau! Um lindo arco-íris!

— Já sabemos o que fazer! — diz Pelota, ainda com o bico cheio de bolinhos.

— Precisamos de alguém muito corajoso para ir até o "Encantado Arco-íris". Não temos muito tempo, logo ele desaparecerá levando embora todas as cores, e o mundo ficará muito triste. Como não tenho asas, é melhor ficar aqui em terra para orientar na subida — diz Tatá.

Pelota nem escuta direito, atrapalhado ainda tentando tirar o papel com a pintura de sua pata e a terminar de comer os bolinhos.

— Eu vou! — disse Ágata prontamente, colocando seu equipamento de voo. Pegou a pintura e foi em direção ao "Encantado Arco-íris".

Mas, quando chegou a certa altura, percebeu que não conseguia mais voar, pois era muito mais alto do que imaginava. Então, inesperadamente, viu Pelota chegar ao seu lado para ajudá-la.

— Tatá me avisou que estava com dificuldades, por isso deixei os bolinhos e logo vim. Vamos juntos salvar a todos!

Quando chegaram, uniram as duas partes do "Encantado Arco-íris" com a pintura que a criança fizera com tanta alegria e carinho. As cores foram retornando até alcançar a terra, e tudo o que já estava sem cor voltou e ficou ainda mais brilhante.

Lá de cima, conseguiam escutar todos do parque gritando de alegria. A festa naquele dia foi inesquecível e a mais bonita que já se fez!

Até hoje, quando olham para o "Encantado Arco-íris", lembram-se do dia em que corajosos heróis salvaram o mundo.

E assim, naquele dia, todos aprenderam algo muito especial.

Crianças queridas, nunca se esqueçam de que, quando fazemos algo com carinho e nos unimos desejando o melhor para todos, com confiança, determinação e amor, nada é impossível!

BIOGRAFIA DA AUTORA

CARLA LISBÔA

Nasci em Porto Alegre, Rio Grande do Sul, em 1960, mas vivi a maior parte da minha vida no interior de São Paulo .

Minha primeira formação acadêmica foi em Arquitetura e Urbanismo, mas não foi o que segui profissionalmente.

Tornei-me terapeuta holística com várias especialidades, pedagoga curativa e educadora terapêutica social (com orientação antroposófica) há mais de 22 anos. Com os atendimentos, cursos e formações, meu trabalho sempre foi focado no bem-estar das crianças e suas famílias, proporcionando equilíbrio e cura através das terapias e das artes. Como educadora terapêutica, administrei aulas e acompanhei crianças e jovens com necessidades educativas especiais, em suas atividades, oficinas de arte e atendimentos terapêuticos, em duas associações filantrópicas. A paixão por ler, a pintura e a música estiveram presentes em minha vida desde pequena, e essas foram as ferramentas que utilizei para meu desenvolvimento pessoal e para poder ajudar tantas outras pessoas.

PUBLIQUE SEU LIVRO

Não deixe de conhecer os outros livros do selo Asinha em:
www.asesdaliteratura.com